A TODO MOTOR

AUTOS DE SERIE

POR MATT DOEDEN

CAPSTONE PRESS
a capstone imprint

La serie A todo motor está publicada por Capstone Press
1710 Roe Crest Drive
North Mankato, Minnesota 56003
www.capstonepub.com

Library of Congress Cataloging-in-Publication Data
Names: Doeden, Matt, author.
Title: Autos de serie / by Matt Doeden.
Other titles: Stock cars. Spanish
Description: North Mankato, Minn. : Capstone Press, 2019. | Series: Blazers
  en español—A todo motor | Includes bibliographical references and index.
Identifiers: LCCN 2019015212 | ISBN 9781543582574 (hardcover) | ISBN
  9781543582765 (ebook pdf)
Subjects: LCSH: Stock cars (Automobiles)—Juvenile literature. | Stock car
  racing—Juvenile literature. | CYAC: Stock cars (Automobiles) | Stock car
  racing. | Spanish language materials.
Classification: LCC TL236.28 .D6418 2020 | DDC 629.228/5—dc23
LC record available at https://lccn.loc.gov/2019015212

Translated into the Spanish language by Aparicio Publishing.

Resumen: Este texto describe los autos de serie y sus características únicas.

Créditos editoriales
Hank Musolf y Jessica Server, editoras; Kyle Grenz, diseñador; Jo Miller,
investigadora de medios; Kris Wilfahrt, especialista en producción

Fotografías gentileza de:
Dreamstime: Lawrence Weslowski Jr, 12, Walter Arce, 8; Getty Images: Icon
Sportswire/Contributor, cover, Robert Laberge/Stringer, 5, 6, Sean Gardner/
Stringer, 26-27; Newscom: Cal Sport Media/Mario Houben, 20-21, MCT/Jeff
Siner, 17; Shutterstock: Action Sports Photography, 11, 18, 23, 24, 28-29, Daniel
Hurlimann, 15

Elementos de diseño
Shutterstock: hugolacasse, khun nay zaw, Shacil

Impreso y encuadernado en los Estados Unidos de América.
PA70

CONTENIDO

CAPÍTULO 1

AUTOS DE SERIE

El rugido de los motores llena el aire mientras 40 autos de serie empiezan la carrera. El auto número 20 de Matt Kenseth y el número 78 de Martin Truex Jr. lideran **grupo**.

grupo—conjunto de automóviles en una carrera

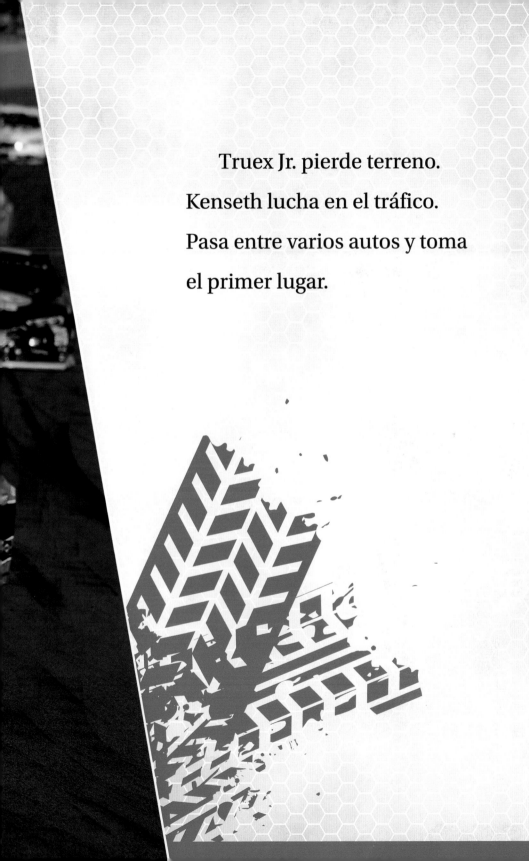

Truex Jr. pierde terreno.
Kenseth lucha en el tráfico.
Pasa entre varios autos y toma
el primer lugar.

Kenseth se aleja
del grupo. La bandera
cuadriculada flamea
mientras cruza la línea
de meta y gana la carrera.

CAPÍTULO 2

DISEÑO DE UN AUTO DE SERIE

Los autos de serie tienen la misma forma que los autos construidos en una **fábrica**. Pero todas las partes de los autos de serie están hechas para correr.

fábrica—lugar donde se hace un producto, como un auto

INDICADORES

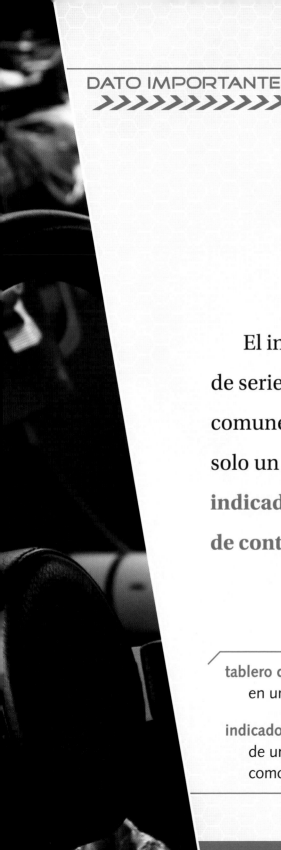

DATO IMPORTANTE
>>>>>>>>>>>>

Los pilotos suelen seguir de cerca el auto que está adelante. Esta estrategia se llama "arrastrar". Ayuda a que el auto vaya más rápido.

El interior de los autos de serie es diferente al de los autos comunes. Los autos de serie tienen solo un asiento. El piloto ve varios **indicadores** en el **tablero de control**.

tablero de control—panel instrumental en un auto o camión

indicador—instrumento, generalmente dentro de un dial, utilizado para medir algo, como la temperatura de un motor

Los autos de serie no tienen
puertas. Los pilotos entran
y salen por la ventana.

DATO IMPORTANTE

El Circuito Internacional
de Daytona es tan grande
que hay un lago entero
dentro de la pista.

CAPÍTULO 3

FABRICADOS PARA CORRER

Los autos de serie tienen
motores poderosos de 8 **cilindros**.
Estos autos pueden ir a más de 200
millas (320 kilómetros) por hora.

cilindro—compartimento hueco dentro
del motor, donde se quema combustible
para generar energía

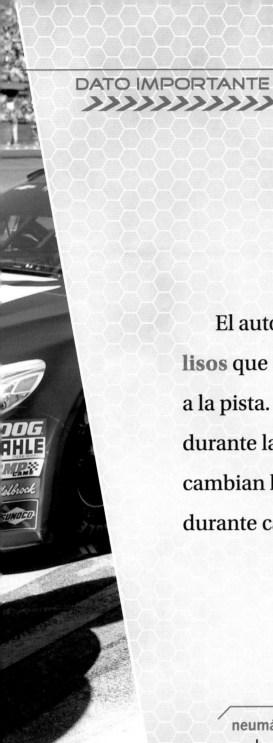

Una buena parada técnica aferre tarda solo 15 segundos.

El auto tiene unos **neumáticos lisos** que ayudan a que se aferre a la pista. Estos neumáticos se gastan durante la carrera. Los equipos cambian los neumáticos lisos durante cada parada técnica.

neumáticos lisos—neumáticos que no tienen bandas de rodadura

DIAGRAMA DE UN AUTO DE SERIE

NEUMÁTICO LISO

REPRESA DE AIRE

ALERÓN

CAPÍTULO 4

AUTOS DE SERIE, EN ACCIÓN

El Campeonato Monster Energy de NASCAR es la **serie** de carreras de autos de serie más grande. Las carreras del Campeonato Monster Energy pueden ser tan largas que duran hasta 600 millas (966 kilómetros).

serie—conjunto de carreras durante una temporada; los pilotos ganan puntos por terminar carreras en una serie

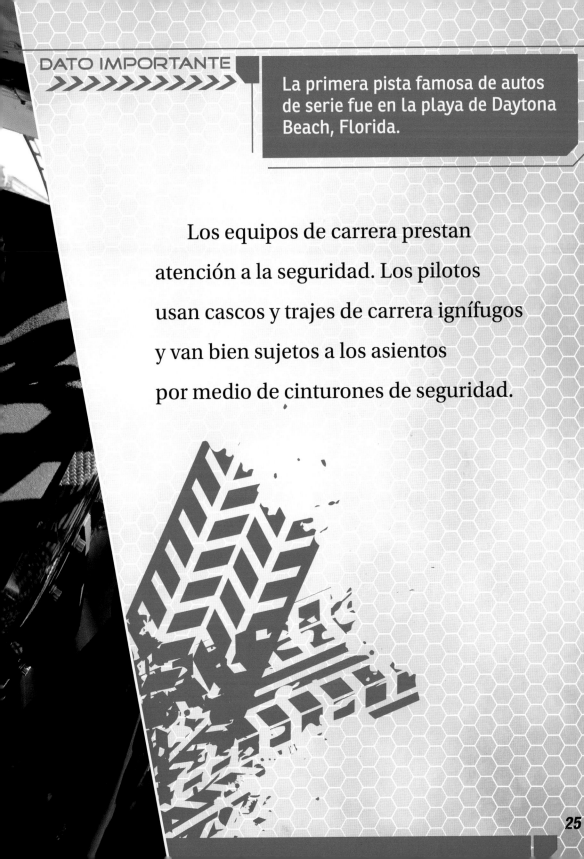

La primera pista famosa de autos de serie fue en la playa de Daytona Beach, Florida.

Los equipos de carrera prestan atención a la seguridad. Los pilotos usan cascos y trajes de carrera ignífugos y van bien sujetos a los asientos por medio de cinturones de seguridad.

Los autos están diseñados
para proteger a los pilotos durante
choques. Generalmente, los pilotos
sobreviven a los peores choques.

¡LOS AUTOS DE SERIE RECORREN LA PISTA A TODA VELOCIDAD!

GLOSARIO

cilindro—compartimento hueco dentro del motor, donde se quema combustible para generar energía

fábrica—lugar donde se hace un producto, como un auto

grupo—conjunto de automóviles en una carrera

indicador—instrumento, generalmente dentro de un dial, utilizado para medir algo, como la temperatura de un motor

neumáticos lisos—neumáticos que no tienen bandas de rodadura

serie—compilación de carreras durante una temporada; los pilotos ganan puntos por terminar carreras en una serie

tablero de control—panel instrumental en un auto o camión

SITIOS DE INTERNET

FactHound ofrece un modo seguro y divertido de hallar
sitios de Internet relacionados con este libro.
Todos los sitios en FactHound fueron investigados
por nuestro equipo.

Todo lo que tienes que hacer es:
Visitar www.facthound.com
Ingresa este código: 9781543524642

ÍNDICE